KB252723

大方廣佛華嚴經 寫經

64

🪷 일러두기

1. 『사경본 한글역 대방광불화엄경』은 『독송본 한문·한글역 대방광불화엄경』에 수록된 한글역을 사경하는 데 편의를 도모하기 위해 편집을 달리하여 간행한 것이다.

2. 『독송본 한문·한글역 대방광불화엄경』은 실차난타가 한역(695~699)한 80권 『대방광불화엄경』의 한문 원문과 한글역을 함께 수록한 것이다. 한문 저본은 고종 2년(1865) 월정사에서 인경한 고려대장경 『대방광불화엄경』이다.

3. 한글 번역은 동국역경원에서 발간한 한글 『대방광불화엄경』(운허)을 중심으로 하고 『신화엄경합론』(탄허)과 『대방광불화엄경 강설』(여천무비) 그리고 최근의 여타 번역본 등을 참조하였다.

4. 한글 번역은 독송과 사경을 위하여 정확성과 아울러 가독성을 고려하였다. 극존칭은 부처님과 불경계에 대해서만 사용하였다.

5. 사경본의 차례는 일러두기 → 한글역 본문 → 화엄경 목차 → 간행사이며 80권 『대방광불화엄경』의 권별 목차 순으로 독송본과 함께 간행한다. (법공양판에는 간행사 다음에 간행불사 동참자를 밝혀 두었다.)

사경본 한글역

대방광불화엄경 제64권

39. 입법계품 [5]

수미해주

說法自在主城門善知識
明智居士善知識
休舍優婆夷：善知識

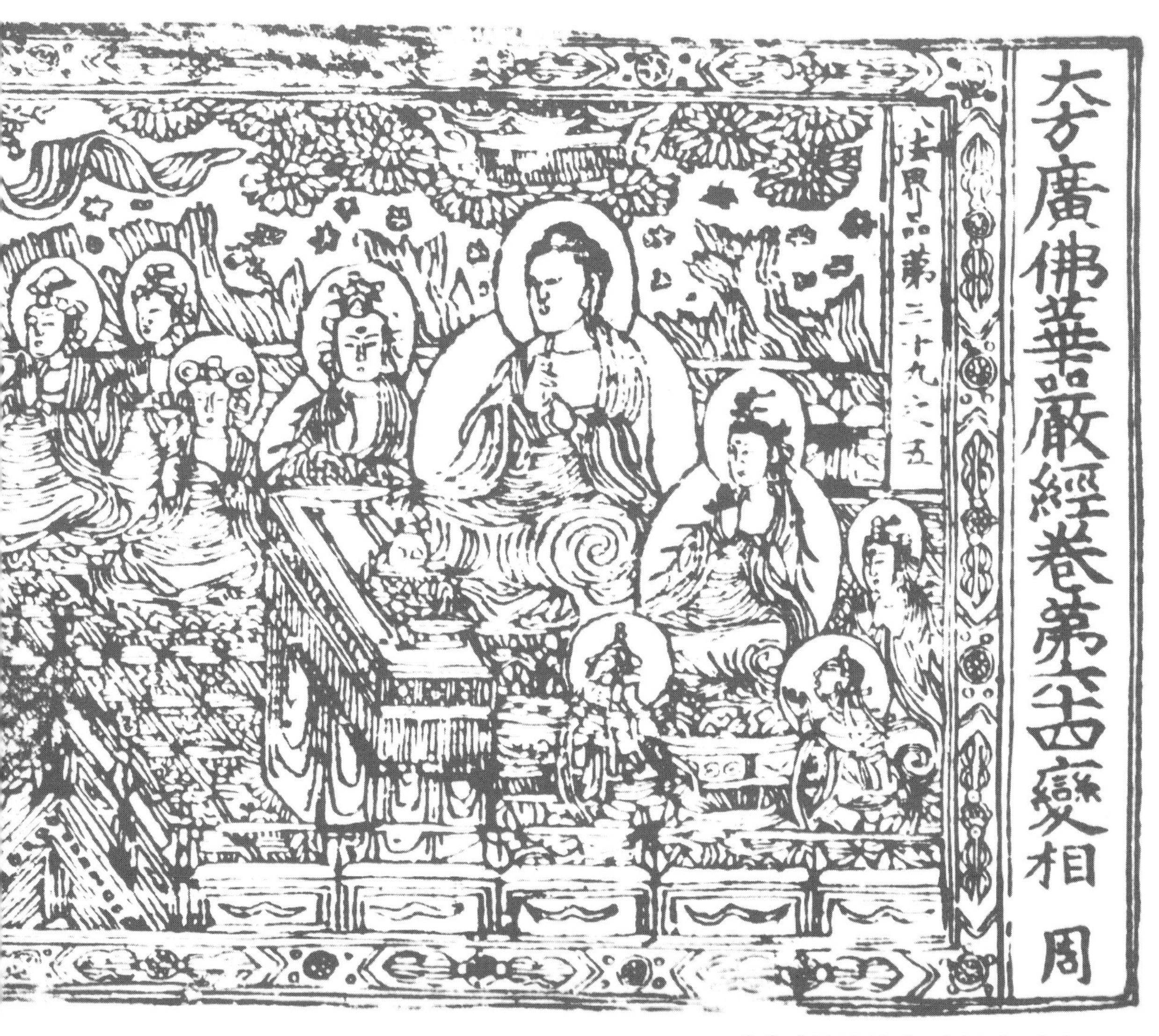

대방광불화엄경 제64권 변상도

대방광불화엄경
제64권

39. 입법계품 [5]

___________ 은(는) 『대방광불화엄경』을
사경하는 인연공덕으로
『화엄경』이 널리 유통되고
우리 모두 다함께 보리 이루기를 발원하옵니다.

대방광불화엄경

제64권

39. 입법계품 [5]

그때에 선재 동자가 선지식의 힘을 입고 선지식의 가르침을 의지하고 선지식의 말씀을 생각하며, 선지식에게 깊은 마음으로 좋아하고 즐거워해서 이런 생각을 하여 말하였다.

'선지식으로 인하여 내가 부처님

을 보게 되었고, 선지식으로 인하여 내가 법을 듣게 되었다. 선지식은 나의 스승이니 나에게 모든 부처님의 법을 보여 이끌어 주는 까닭이며, 선지식은 나의 안목이니 내가 부처님이 허공과 같음을 보게 하는 까닭이며, 선지식은 나의 나루터이니 내가 모든 부처님 여래의 연꽃 연못에 들어가게 하는 까닭이다.'

점점 남쪽으로 가서 해조라는 곳에 이르렀다.

널리 장엄된 동산을 보니 온갖 보

배 담장이 두루 둘러싸고 일체 보배 나무가 줄을 지어 장엄하며, 일체 보배 꽃 나무가 온갖 미묘한 꽃을 비내려 그 땅에 펼쳐 흩었다.

일체 보배 향나무는 향기가 자욱하여 시방에 널리 풍기며, 일체 보배 화만 나무는 큰 보배 화만을 비내려 곳곳에 드리우며, 일체 마니보배왕 나무는 큰 마니보배를 비내려 두루 퍼져 가득하였다.

일체 보배 옷 나무는 갖가지 색의 옷을 비내려 그 마땅한 바를 따라서

두루 펴 깔았다. 일체 음악 나무가
바람이 불어 소리를 냄에 그 음이 미
묘하여 하늘 음악보다 뛰어나며, 일
체 장엄거리 나무는 각각 진귀하고
기묘한 물건을 비내려 곳곳에 널리
펴서 장엄하였다.

그 땅은 청정하여 높고 낮음이 없
으며, 그 가운데 백만 전당이 갖추어
져 있으니 큰 마니보배로 합하여 이
루어진 것이며, 백만 누각은 염부단
금으로 그 위를 덮고 백만 궁전은 비
로자나 마니보배로 사이사이를 장엄

하였다.

　일만의 목욕하는 못은 온갖 보배로 합하여 이루어지고 칠보 난간이 두루 둘러싸고 칠보 계단 길이 사면으로 분포하며, 여덟 가지 공덕의 물이 맑고 가득 차서 그 물의 향기가 하늘의 전단과 같으며, 금모래가 바닥에 깔리고 물을 맑히는 보배 구슬이 사이사이에 두루하였다. 물오리와 기러기와 공작과 구지라 새들이 그 속에서 놀며 화평하고 청아한 소리를 내었다.

보배 다라 나무가 두루 줄을 지어 섰는데, 보배 그물로 덮이고 모든 금 풍경이 드리워서 미풍에 천천히 흔들려 항상 아름다운 소리를 내었다. 큰 보배 휘장을 둘러치고 보배 나무가 둘러섰으며, 수없는 마니보배 당기를 세워서 광명이 백천 유순까지 널리 비치었다.

그 가운데 또 백만 못이 있으니 흑전단 앙금이 그 바닥에 엉기어 쌓이고, 일체 미묘한 보배로 연꽃이 되어 물 위를 뒤덮고, 큰 마니보배 꽃에서 빛이 밝게 비치어 빛났다.

동산 안에 다시 광대한 궁전이 있으니 이름이 '장엄당'이다. 해장 미묘한 보배로 그 땅이 되고, 비유리 보배로 그 기둥이 되고, 염부단금으로 그 위를 덮고, 빛을 머금은 마니로 장엄하며, 수없는 보배왕이 불꽃이 치성하고, 겹쳐진 누각과 대청에 갖가지로 장식하며, 아로나향왕과 각오향왕이 다 미묘한 향기를 풍겨 널리 일체에 스며들었다.

그 궁전 안에 다시 한량없는 보배

연꽃자리가 두루 둘러 펴져 있었다. 이른바 시방을 밝게 비추는 마니보배 연꽃자리와, 비로자나 마니보배 연꽃자리와, 세간을 밝게 비추는 마니보배 연꽃자리와, 미묘한 창고 마니보배 연꽃자리와, 사자장 마니보배 연꽃자리이다.

이구장 마니보배 연꽃자리와, 넓은 문 마니보배 연꽃자리와, 광엄 마니보배 연꽃자리와, 큰 바다에 편안히 머무르는 창고 청정한 마니왕보배 연꽃자리와, 금강사자 마니보배 연꽃자리이다.

동산에는 다시 백만 가지 휘장이 있었다. 이른바 옷 휘장과, 화만 휘장과, 향 휘장과, 꽃 휘장과, 가지 휘장과, 마니 휘장과, 진금 휘장과, 장엄거리 휘장과, 음악 휘장과, 코끼리왕 신통변화 휘장과, 말왕 신통변화 휘장과, 제석이 걸치는 마니보배 휘장이니, 이와 같은 등 그 수가 백만이었다.

백만의 큰 보배 그물이 있어 그 위를 두루 덮었다. 이른바 보배 풍경 그물과, 보배 일산 그물과, 보배 몸 그물과, 해장진주 그물과, 감유리 마니보배 그물과, 사자마니 그물과, 월광마니 그물과, 갖가지 형상의 온갖 향 그물과, 보배 관 그물과, 보배 영락 그물이니, 이와 같은 등 그 수가 백만이었다.

백만의 큰 광명이 밝게 비치는 바가 있었다. 이른바 불꽃빛 마니보배 광명과, 일장 마니보배 광명과, 월당 마니보배 광명과, 향불꽃 마니보배 광명과, 승장 마니보배 광명과, 연화

장 마니보배 광명과, 불꽃 당기 마니보배 광명과, 큰 등불 마니보배 광명과, 시방을 널리 비추는 마니보배 광명과, 향빛 마니보배 광명이니, 이와 같은 등 그 수가 백만이었다.

항상 백만의 장엄거리를 비내렸다. 백만의 흑전단향이 미묘한 음성을 내고, 백만의 모든 하늘보다 뛰어난 만다라 꽃을 흩뿌리고, 백만의 모든 하늘보다 뛰어난 영락으로 장엄하고, 백만의 모든 하늘보다 뛰어난 미묘한 보배 화만 띠를 곳곳에 드리우고, 백만의 모든 하늘보다 뛰어난 온갖 색의 미묘한 옷과 백만의 잡색 마니보배가 미묘한 빛을 널리 비추었다.

백만 천자들이 기쁘고 즐겁게 우러러보며 엎드려 절하고, 백만의 채녀들이 허공에서 몸을 던져 내려오고, 백만의 보살들이 공경하고 친근하며 항상 법문 듣기를 즐겨하였다.

이때에 휴사 우바이가 진금 자리에 앉아서 해장진주 그물 관을 쓰고, 모든 하늘보다 뛰어난 진금 보배 팔

찌를 끼고, 검푸른 머리카락을 드리
워서 큰 마니 그물로 그 머리를 장엄
하고, 사자입 마니보배로 귀고리를
하고, 여의 마니보배왕으로 영락을
만들고, 일체 보배 그물로 그 몸을
덮어 드리웠는데, 백천억 나유타 중
생들이 몸을 굽혀 공경하였다.
　동방에 한량없는 중생들이 있어
그 처소로 나아갔다. 이른바 범천과
범중천과 대범천과 범보천과 자재천
과 내지 일체 사람과 사람 아닌 이들
이며, 남방과 서방과 북방과 네 간방

과 상방과 하방도 모두 또한 이와 같았다.

이 우바이를 봄이 있는 자는 일체 병의 고통이 모두 멸하여 없어지며, 번뇌의 때를 여의며, 모든 소견의 가시를 뽑으며, 장애의 산을 부수며, 걸림 없이 청정한 경계에 들어가며, 일체 있는 바 선근을 더욱 밝히며, 모든 근을 길러 자라게 하며, 일체 지혜문에 들어가며, 일체 총지문에 들어갔다.

일체 삼매문과 일체 대원문과 일체

묘행문과 일체 공덕문이 다 앞에 나
타나며, 그 마음이 광대하여 신통을
구족하며, 몸은 장애가 없어 일체 처
에 이르렀다.

그때에 선재 동자가 널리 장엄된
동산에 들어가 두루 살펴서 휴사 우
바이가 미묘한 자리에 앉아 있는 것
을 보고, 그곳에 나아가 그 발에 정
례하며 수없이 돌고 말하였다.

"성자시여, 저는 이미 먼저 아뇩다
라삼먁삼보리심을 내었으나, 보살이
어떻게 보살행을 배우며, 어떻게 보

살도를 닦는지를 알지 못합니다. 제가 들으니 성자께서 잘 능히 가르쳐 주신다고 합니다. 원하오니, 저를 위하여 말씀해 주십시오.”

휴사가 말하였다.

“선남자여, 나는 오직 보살의 한 해탈문만 얻었습니다. 만약 나를 보거나 듣거나 생각하거나, 나와 함께 머무르거나, 나에게 이바지함이 있는 자는 모두 헛되지 않을 것입니다.

선남자여, 만약 어떤 중생이 선근을 심지 아니하면 선우의 거두어 주는 바가 되지 못하며, 모든 부처님의 호념하시는 바가 되지 못하니, 이 사람은 마침내 나를 보지 못할 것입니다.

선남자여, 그 어떤 중생이 나를 보는 자는 다 아뇩다라삼먁삼보리에서 물러나지 아니함을 얻을 것입니다.

선남자여, 동방의 모든 부처님께서 항상 여기 오셔서 보배 자리에 앉아 나를 위하여 법을 설하시며, 남방과 서방과 북방과 네 간방과 상방과 하방의 일체 모든 부처님께서도 다 여기 오셔서 보배 자리에 앉아 나를 위하여 법을 설하십니다.

선남자여, 나는 항상 부처님을 친견하고 법을 들음을 여의지 아니하고, 모든 보살들과 함께 같이 머무릅니다.

선남자여, 나의 이 대중은 팔만 사천억 나유타가 있는데 다 이 동산에서 나와 함께 수행하며, 모두 아뇩다

라삼먁삼보리에서 물러나지 아니하
며, 그 다른 중생들도 이 동산에 머
무르는 자는 또한 다 물러나지 않는
지위에 널리 들어갑니다.”

선재가 여쭈었다.

“성자께서 아뇩다라삼먁삼보리
심을 낸 지는 얼마나 오래되었습니
까?”

대답해 말하였다.

“선남자여, 내가 생각하니 과거 연
등 부처님의 처소에서 법행을 수행하
여 공경히 공양올리며 법을 듣고 받

아 지녔습니다. 그 전에는 이구 부처님의 처소에서 출가하여 도를 배워서 바른 법을 받아 지녔습니다.

그 전에는 묘당 부처님의 처소에서, 그 전에는 승수미 부처님의 처소에서, 그 전에는 연화덕장 부처님의 처소에서, 그 전에는 비로자나 부처님의 처소에서, 그 전에는 보안 부처님의 처소에서, 그 전에는 법수 부처님의 처소에서, 그 전에는 금강제 부처님의 처소에서, 그 전에는 바루나천 부처님의 처소에서였습니다.

선남자여, 나는 과거의 한량없는 겁 동안 한량없이 태어나는 중에 이와 같이 차례로 삼십육 항하사의 부처님 처소에서 모두 다 받들어 섬겨서 공경히 공양올리며 법을 듣고 받아 지니어 법행을 깨끗이 닦은 것을 기억합니다. 이 이전은 부처님의 지혜로 아실 바이고 저는 헤아릴 수 없습니다.

선남자여, 보살이 처음 발심하는 것이 한량없으니 일체 법계에 충만한 까닭이며, 보살의 대비의 문이 한량없으니 일체 세간에 널리 들어가는 까닭이며, 보살의 대원의 문이 한량없으니 시방 법계에 끝까지 이르는 까닭입니다.

보살의 대자의 문이 한량없으니 일체 중생을 널리 덮는 까닭이며, 보살의 수행하는 바가 한량없으니 일체 세계 일체 겁 동안 닦아 익힌 까닭이며, 보살 삼매의 힘이 한량없으니 보살도에서 물러나지 않게 하는 까닭입니다.

보살의 모두 지니는 힘이 한량없으

니 일체 세간을 능히 지니는 까닭이
며, 보살의 지혜 광명의 힘이 한량없
으니 널리 삼세에 능히 증득하여 들
어가는 까닭이며, 보살의 신통의 힘
이 한량없으니 일체 세계 그물에 널
리 나타나는 까닭입니다.

보살의 변재의 힘이 한량없으니 한
음성으로 일체를 모두 이해하는 까
닭이며, 보살의 청정한 몸이 한량없
으니 일체 부처님 세계에 모두 두루
하는 까닭입니다.”

선재 동자가 말하였다.

 "성자시여, 얼마나 오래되어야 마땅히 아뇩다라삼먁삼보리를 얻게 됩니까?"

 대답해 말하였다.

 "선남자여, 보살은 한 중생을 교화하고 조복하기 위한 까닭으로 보리심을 내는 것이 아니며, 백 중생들을 교화하고 조복하기 위한 까닭으로 보리심을 내는 것이 아니며, 내지 말할 수 없이 말할 수 없는 제곱의 중생들을 교화하고 조복하기 위한 까닭으로 보리심을 내는 것이 아니니다.

 한 세계의 중생들을 교화하기 위한 까닭으로 보리심을 내는 것이 아니며, 내지 말할 수 없이 말할 수 없는 제곱 세계의 중생들을 교화하기 위한 까닭으로 보리심을 내는 것이 아닙니다.

 염부제 미진수의 세계 중생들을 교화하기 위한 까닭으로 보리심을 내는 것이 아니며, 삼천대천세계 미진수의 세계 중생들을 교화하기 위한 까닭으로 보리심을 내는 것이 아니며, 내지 말할 수 없이 말할 수 없는 제곱의 삼천대천세계 미진수의 세계 중생들을 교화하기 위한 까닭으로 보리심을 내는 것이 아닙니다.

한 여래께 공양올리기 위한 까닭으로 보리심을 내는 것이 아니며, 내지 말할 수 없이 말할 수 없는 제곱의 여래께 공양올리기 위한 까닭으로 보리심을 내는 것이 아닙니다.

한 세계 가운데 차례로 세상에 출현하시는 모든 여래께 공양올리기 위한 까닭으로 보리심을 내는 것이 아니며, 내지 말할 수 없이 말할 수 없는 제곱의 세계 가운데 차례로 세상에 출현하시는 모든 여래께 공양 올리기 위한 까닭으로 보리심을 내는 것이 아닙니다.

한 삼천대천세계 미진수의 세계 가운데 차례로 세상에 출현하시는 모든 여래께 공양올리기 위한 까닭으로 보리심을 내는 것이 아니며, 내지 말할 수 없이 말할 수 없는 제곱의 부처님 세계 미진수의 세계 가운데 차례로 세상에 출현하시는 모든 여래께 공양올리기 위한 까닭으로 보리심을 내는 것이 아닙니다.

한 세계를 깨끗이 장엄하기 위한 까닭으로 보리심을 내는 것이 아니며, 내지 말할 수 없이 말할 수 없는 제곱의 세계를 깨끗이 장엄하기 위한 까닭으로 보리심을 내는 것이 아닙니다.

한 삼천대천세계 미진수의 세계를 깨끗이 장엄하기 위한 까닭으로 보리심을 내는 것이 아니며, 내지 말할 수 없이 말할 수 없는 제곱의 삼천대

천세계 미진수의 세계를 깨끗이 장
엄하기 위한 까닭으로 보리심을 내
는 것이 아닙니다.

한 여래께서 남기신 법을 머물러
지니기 위한 까닭으로 보리심을 내
는 것이 아니며, 내지 말할 수 없이
말할 수 없는 제곱의 여래께서 남기
신 법을 머물러 지니기 위한 까닭으
로 보리심을 내는 것이 아닙니다.

한 세계의 여래께서 남기신 법을
머물러 지니기 위한 까닭으로 보리
심을 내는 것이 아니며, 내지 말할

수 없이 말할 수 없는 제곱 세계의 여래께서 남기신 법을 머물러 지니기 위한 까닭으로 보리심을 내는 것이 아닙니다.

한 염부제 미진수의 세계 여래께서 남기신 법을 머물러 지니기 위한 까닭으로 보리심을 내는 것이 아니며, 내지 말할 수 없이 말할 수 없는 제곱의 부처님 세계 미진수의 세계 여래께서 남기신 법을 머물러 지니기 위한 까닭으로 보리심을 내는 것이 아닙니다.

이와 같이 간략히 말하면 한 부처님의 서원만을 원만히 하기 위한 것이 아닌 까닭이며, 한 부처님의 국토에만 가기 위한 것이 아닌 까닭이며, 한 부처님의 대중모임에만 들기 위한 것이 아닌 까닭이며, 한 부처님의 법안만 지니기 위한 것이 아닌 까닭이며, 한 부처님의 법륜만 굴리기 위한 것이 아닌 까닭입니다.

한 세계 가운데 여러 겁의 차례만 알기 위한 것이 아닌 까닭이며, 한 중생의 마음바다만 알기 위한 것이

아닌 까닭이며, 한 중생의 근성바다
만 알기 위한 것이 아닌 까닭이며,
한 중생의 업바다만 알기 위한 것이
아닌 까닭이며, 한 중생의 수행바다
만 알기 위한 것이 아닌 까닭입니다.

　한 중생의 번뇌바다만 알기 위한
것이 아닌 까닭이며, 한 중생의 번
뇌습기바다만 알기 위한 것이 아닌
까닭이며, 내지 말할 수 없이 말할
수 없는 제곱 부처님 세계 미진수의
중생의 번뇌습기바다만 알기 위한
것이 아닌 까닭으로 보리심을 냅니

다.

　일체 중생을 교화하고 조복하여 모두 남음이 없게 하려는 까닭으로 보리심을 내며, 일체 모든 부처님을 받들어 섬기고 공양올려서 모두 남음이 없게 하려는 까닭으로 보리심을 내며, 일체 모든 부처님의 국토를 깨끗이 장엄하여 모두 남음이 없게 하려는 까닭으로 보리심을 냅니다.

　일체 모든 부처님의 바른 가르침을 보호하고 지니어 모두 남음이 없게 하려는 까닭으로 보리심을 내며,

일체 여래의 서원을 원만히 이루어서
모두 남음이 없게 하려는 까닭으로
보리심을 내며, 일체 모든 부처님의
국토에 가서 모두 남음이 없게 하려
는 까닭으로 보리심을 냅니다.

일체 모든 부처님의 대중모임에 들
어가서 모두 남음이 없게 하려는 까
닭으로 보리심을 내며, 일체 세계 가
운데 모든 겁의 차례를 알아서 모두
남음이 없게 하려는 까닭으로 보리
심을 내며, 일체 중생의 마음바다를
알아서 모두 남음이 없게 하려는 까

닭으로 보리심을 냅니다.

일체 중생의 근성바다를 알아서 모두 남음이 없게 하려는 까닭으로 보리심을 내며, 일체 중생의 업바다를 알아서 모두 남음이 없게 하려는 까닭으로 보리심을 내며, 일체 중생의 수행바다를 알아서 모두 남음이 없게 하려는 까닭으로 보리심을 냅니다.

일체 중생의 모든 번뇌바다를 멸하여 모두 남음이 없게 하려는 까닭으로 보리심을 내며, 일체 중생의 번뇌

습기바다를 빼내어 모두 남음이 없게 하려는 까닭으로 보리심을 냅니다.

선남자여, 요점을 취하여 말하면, 보살이 이와 같은 등 백만 아승지 방편의 행을 쓰는 까닭으로 보리심을 내는 것입니다.

선남자여, 보살의 행이 일체 법에 널리 들어가서 다 증득하는 까닭이며, 일체 세계에 널리 들어가서 모두 깨끗이 장엄하는 까닭입니다.

그러므로 선남자여, 일체 세계를

깨끗이 장엄해 다하여야 나의 서원도 이에 다하며, 일체 중생의 번뇌 습기를 뽑아 다하여야 나의 서원도 이에 만족할 것입니다.”

선재 동자가 말하였다.

“성자시여, 이 해탈은 이름이 어떻게 됩니까?”

대답해 말하였다.

“선남자여, 이 해탈은 이름이 '근심 없고 편안한 당기'입니다.

선남자여, 나는 오직 이 한 해탈문

만 알 뿐입니다. 저 모든 보살마하살들은 그 마음이 바다와 같아서 모두 능히 일체 부처님의 법을 받아들이며, 수미산과 같아서 의지가 견고하여 흔들 수 없습니다.

선견약과 같아서 능히 중생들의 번뇌의 중병을 제거하며, 밝은 해와 같아서 능히 중생들의 무명의 어두운 장애를 깨뜨리며, 마치 대지와 같아서 능히 일체 중생의 의지할 곳이 됩니다.

마치 좋은 바람과 같아서 능히 일

체 중생의 의리를 지으며, 마치 밝은 등불과 같아서 능히 중생들을 위하여 지혜의 빛을 내며, 마치 큰 구름과 같아서 능히 중생들을 위하여 적멸한 법을 비내립니다.

마치 깨끗한 달과 같아서 능히 중생들을 위하여 복덕의 빛을 놓으며, 마치 제석과 같아서 일체 중생을 모두 능히 수호합니다. 내가 어떻게 그 공덕의 행을 능히 알며 능히 말하겠습니까?

대
방
광
불
화
엄
경
제
64
권

39
입
법
계
품
[5]

선남자여, 여기서 남방의 해조라는 곳에 한 나라가 있으니 이름이 '나라소'이고, 그 가운데 선인이 있으니 이름이 '비목구사'입니다. 그대는 그에게 가서 '보살이 어떻게 보살행을 배우며 보살도를 닦습니까?'라고 물으십시오."

그때에 선재 동자가 그 발에 정례하며 수없이 돌고 은근히 우러러보며 슬피 울고 눈물을 흘리며 이 생각을 하였다.

'보리를 얻기 어렵고, 선지식을 친근하기 어렵고, 선지식을 만나기 어렵고, 보살의 모든 근을 얻기 어렵고, 보살의 모든 근을 깨끗이 하기 어렵고, 함께 수행할 선지식을 만나기 어렵다.

이치대로 관찰하기 어렵고, 가르침을 의지하여 수행하기 어렵고, 착한 마음을 내는 방편을 만나기 어렵고, 일체 지혜를 증장케 하는 법의 광명을 만나기 어렵구나.'

이런 생각을 하고는 하직하고 물러

갔다.

그때에 선재 동자가 보살의 바른 가르침을 따라 사유하며, 보살의 깨끗한 행을 따라 사유하며, 보살의 복력을 증장하는 마음을 내며, 일체 모든 부처님을 분명히 보는 마음을 내며, 일체 모든 부처님을 출생하는 마음을 내었다.

일체 큰 서원을 증장하는 마음을 내며, 시방의 모든 법을 널리 보는 마

음을 내며, 모든 법의 참된 성품을
밝게 비추는 마음을 내며, 일체 장
애를 널리 흩어 버리는 마음을 내며,
법계를 관찰하여 어두움이 없는 마
음을 내었다.

청정한 뜻의 보배로 장엄하는 마음
을 내며, 일체 온갖 마를 꺾어 항복
받으려는 마음을 내면서, 점점 다니
다가 나라소국에 이르러 비목구사
를 두루 찾았다.

한 큰 숲이 아승지 나무로 장엄된
것을 보았다. 이른바 갖가지 잎나무

는 무성하게 퍼지고, 갖가지 꽃나무는 곱고 아름답게 피며, 갖가지 과실나무는 계속하여 익어 갔다.

갖가지 보배 나무가 마니 열매를 비내리며, 큰 전단 나무가 곳곳마다 줄을 지어 섰으며, 모든 침수향 나무가 항상 좋은 향기를 내며, 뜻을 기쁘게 하는 향나무가 미묘한 향으로 장엄하며, 파타리 나무가 사면에 둘러섰다.

니구율 나무는 그 몸통이 높이 솟았고, 염부단 나무는 단 과실을 항

상 비내리며, 우발라 꽃과 파두마 꽃
이 연못을 장엄하였다.

이때에 선재 동자는 그 선인이 전
단 나무 아래에서 풀을 깔고 앉아 있
음을 보았다. 일만 무리를 거느리고
있었으니, 혹은 사슴 가죽을 입고,
혹은 나무껍질을 입고, 혹은 또 풀
을 엮어서 옷을 만들었으며, 상투를
틀고 귀밑수염을 드리우고 앞뒤로 둘
러싸 있었다.

선재가 친견하고는 그곳에 나아가
오체를 땅에 던져 절하고 이와 같이

말하였다.

"저는 이제 참 선지식을 만났습니다. 선지식은 곧 일체지를 향하여 나아가는 문이니 제가 진실한 도에 들게 하는 까닭이며, 선지식은 곧 일체지를 향하여 나아가는 수레이니 제가 여래의 지위에 이르게 하는 까닭입니다. 선지식은 곧 일체지를 향하여 나아가는 배이니 제가 지혜 보배의 섬에 이르게 하는 까닭이며, 선지식은 곧 일체지를 향하여 나아가는 횃불이니 제가 열 가지 힘의 빛을 내게 하는 까닭입니다.

　선지식은 곧 일체지를 향하여 나아가는 길이니 제가 열반의 성에 들게 하는 까닭이며, 선지식은 곧 일체지를 향하여 나아가는 등불이니 제가 평탄하고 험한 길을 보게 하는 까닭입니다.

　선지식은 곧 일체지를 향하여 나아가는 다리이니 제가 험악한 곳을 건너게 하는 까닭이며, 선지식은 곧 일체지를 향하여 나아가는 일산이니 제가 큰 자애의 청량함을 내게 하는 까닭입니다.

선지식은 곧 일체지를 향하여 나아가는 눈이니 제가 법 성품의 문을 보게 하는 까닭이며, 선지식은 곧 일체지를 향하여 나아가는 조수이니 제가 대비의 물을 만족하게 하는 까닭입니다.”

이 말을 하고는 땅에서 일어나 한량없이 돌며 합장하고 앞에 머물러서 여쭈었다.

“성자시여, 저는 이미 먼저 아뇩다라삼먁삼보리심을 내었습니다. 그러나 보살이 어떻게 보살행을 배우며 어떻게 보살도를 닦는지를 알지 못합니다. 제가 들으니 성자께서 잘 능히 가르쳐 주신다고 합니다. 원하오니, 저를 위하여 말씀해 주십시오.”

그때에 비목구사가 그 대중을 돌아보고 이렇게 말하였다.
“선남자여, 이 동자는 이미 아뇩다라삼먁삼보리심을 내었습니다.
선남자여, 이 동자는 널리 일체 중

생에게 두려움 없음을 보시하며, 이 동자는 널리 일체 중생에게 이익을 주며, 이 동자는 일체 모든 부처님의 지혜바다를 항상 관찰하였습니다.

이 동자는 일체 감로의 법비를 마시려 하며, 이 동자는 일체 광대한 법바다를 측량하려 하며, 이 동자는 중생들을 지혜바다에 머무르게 하려 하며, 이 동자는 광대한 자비구름을 널리 일으키려 합니다.

이 동자는 광대한 법비를 널리 내리려 하며, 이 동자는 지혜의 달로 세간을 널리 비추려 하며, 이 동자는 세간의 번뇌의 독한 열을 없애려 하며, 이 동자는 중생들의 일체 선근을 기르려 합니다.”

이때에 모든 신선대중들이 이 말을 듣고는 각각 갖가지 가장 미묘한 향과 꽃으로 선재 위에 흘고 몸을 던져 절하고 두루 돌며 공경하고 이와 같은 말을 하였다.

“이제 이 동자는 반드시 일체 중생을 구호하며, 반드시 모든 지옥의 고통을 멸하여 없애며, 반드시 모든 축

생의 길을 영원히 끊으며, 반드시 염라왕의 세계를 바꾸어 버릴 것입니다.

반드시 모든 험난한 곳의 문을 닫으며, 반드시 모든 애욕바다를 말리며, 반드시 중생들로 하여금 괴로움의 무더기를 영원히 없애며, 반드시 무명의 어두움을 영원히 깨뜨리며, 반드시 탐욕과 애착의 결박을 영원히 끊을 것입니다.

반드시 복덕의 큰 윤위산으로 세간을 둘러싸며, 반드시 지혜의 큰 보

배 수미로 세간을 드러내 보이며, 반
드시 청정한 지혜의 해를 뜨게 하며,
반드시 선근의 법장을 열어 보이며,
반드시 세간으로 하여금 험하고 평
탄함을 밝게 알게 할 것입니다.”

이때에 비목구사가 신선들에게 말
하였다.

“선남자여, 만약 어떤 이가 능히
아뇩다라삼먁삼보리심을 내면 반드
시 일체지의 도를 성취할 것입니다.
이 선남자는 이미 아뇩다라삼먁삼
보리심을 내었으니 마땅히 일체 부

처님의 공덕 땅을 깨끗이 할 것입니다."

이때에 비목구사가 선재 동자에게 말하였다. "선남자여, 나는 보살의 '이길 이 없는 당기 해탈'을 얻었습니다."

선재가 여쭈었다. "성자시여, 이길 이 없는 당기 해탈은 경계가 어떠합니까?"

이때에 비목 선인이 곧 오른손을 펴서 선재의 정수리를 만지고 선재의 손을 잡았다. 즉시에 선재가 스스로 그의 몸이 시방으로 열 부처님 세계 미진수의 세계에 가서 열 부처님 세계 미진수의 모든 부처님 처소에 이름을 보았고, 그 부처님 세계와 그 대중모임과 모든 부처님 상호의 갖가지 장엄을 보았다.

또 그 부처님께서 모든 중생들 마음의 즐겨하는 바를 따라서 법을 연설하심을 듣고, 한 글자 한 구절을 모두 다 통달하여 각각 따로 받아 지니어 섞이지 아니하였다.

또 그 부처님께서 갖가지 지해로 모든 서원을 깨끗하게 다스리심도 알며, 또 그 부처님께서 청정한 서원으로 모든 힘을 성취하심도 알며, 또 그 부처님께서 중생 마음을 따라 나타내시는 바 색상도 보며, 또 그 부처님의 큰 광명 그물의 갖가지 모든 빛이 청정하고 원만하심도 보며, 또 그 부처님의 걸림 없는 지혜와 큰 광명의 힘도 알았다.

또 스스로 몸이 모든 부처님 처소에서 하루 낮 밤과, 혹은 칠일 낮 밤과, 반달과, 한 달과, 일 년과, 십 년과, 백 년과, 천 년을 지내며, 혹은 억 년과 혹은 아유다 억 년과 나유타 억 년을 지내며, 혹은 반 겁을 지내며, 혹은 한 겁과 백 겁과 천 겁과 혹은 백천억과 내지 말할 수 없이 말할 수 없는 부처님 세계 미진수의 겁을 지내는 것을 보았다.

그때에 선재 동자는 보살의 이길 이 없는 당기 해탈의 지혜 광명이 비춘 까닭으로 비로자나장삼매의 광명을 얻으며, 다함없는 지혜 해탈삼

매의 광명이 비춘 까닭으로 모든 방
소를 두루 거두는 다라니 광명을 얻
었다.

금강륜 다라니문의 광명이 비춘 까
닭으로 지극히 청정한 지혜 마음의
삼매 광명을 얻으며, 넓은 문 장엄장
반야바라밀의 광명이 비춘 까닭으로
불허공장륜삼매의 광명을 얻으며,
일체 부처님 법륜삼매의 광명이 비
춘 까닭으로 삼세 다함없는 지혜 삼
매의 광명을 얻었다.

이때에 그 선인이 선재의 손을 놓으

니, 선재 동자가 곧 스스로 몸이 도
로 본래의 처소에 있음을 보았다.
  그때에 그 선인이 선재에게 말하
였다. "선남자여, 그대는 기억합니
까?"
  선재가 답하였다. "예, 이것은 성자
이신 선지식의 힘입니다."

  선인이 말하였다.
  "선남자여, 나는 오직 이 보살의
이길 이 없는 당기 해탈만 알 뿐입니
다. 저 모든 보살마하살은 일체 수

승한 삼매를 성취하여 일체 때에 자재함을 얻으며, 한 생각 사이에 모든 부처님의 한량없는 지혜를 내며, 부처님의 지혜 등불로 장엄하여 세간을 널리 비춥니다.

한 생각에 삼세 경계에 널리 들어가며, 형상을 나누어 시방 국토에 두루 가며, 지혜 몸이 일체 법계에 널리 들어가며, 중생들의 마음을 따라 그들의 앞에 널리 나타나서 그 근성과 행을 관하여 이익이 되게 하며, 깨끗한 광명을 놓아 매우 좋아하고 즐겁게 합니다.

그러나 내가 어떻게 그 공덕의 행과, 그 수승한 서원과, 그 장엄한 세계와, 그 지혜의 경계와, 그 삼매의 행하는 바와, 그 신통 변화와, 그 해탈의 유희와, 그 몸의 차별과, 그 음성의 청정함과, 그 지혜의 광명을 능히 알며 능히 말하겠습니까?

선남자여, 여기서 남방에 한 마을이 있으니 이름이 '이사나'이고, 바라문이 있으니 이름이 '승열'입니다.

그대는 그에게 가서 '보살이 어떻게 보살행을 배우며 보살도를 닦습니까?'라고 물으십시오."

이때에 선재 동자가 환희하여 뛰놀면서 그의 발에 정례하고 수없이 돌고 은근히 우러러보면서, 하직하고 남쪽으로 떠났다.

이때에 선재 동자가 보살의 이길 이 없는 당기 해탈이 비춘 바가 된 까닭으로 모든 부처님의 부사의한

위신력에 머무르며, 보살의 부사의
한 해탈과 신통한 지혜를 증득하며,
보살의 부사의한 삼매의 지혜 광명
을 얻으며, 일체 때에 훈습하여 닦는
삼매의 지혜 광명을 얻었다.

일체 경계가 다 생각을 의지하여
머무르는 것임을 밝게 아는 삼매의
지혜 광명을 얻으며, 일체 세간에서
수승한 지혜 광명을 얻으며, 일체 처
에 모두 그 몸을 나타내어 끝까지 이
르는 지혜로 둘이 없고 분별이 없는
평등한 법을 말하며, 밝고 깨끗한 지

혜로 경계를 널리 비추었다.

무릇 들은 바 법을 다 능히 알아 받아서 청정하게 믿고 이해하며, 법의 자성을 결정코 밝게 알며, 마음은 항상 보살의 묘한 행을 버리지 않으며, 일체지를 구하여 영원히 물러나지 아니하며, 십력과 지혜 광명을 얻으며, 미묘한 법을 부지런히 구하여 항상 만족해 싫어함이 없었다.

바르게 닦아 행함으로 부처님의 경계에 들어가며, 보살의 한량없는 장엄을 내며, 가없는 큰 서원이 모두 이

미 청정하며, 끝까지 다함없는 지혜
로 가없는 세계 그물을 알며, 겁약함
이 없는 마음으로 한량없는 중생바
다를 제도하였다.

가없는 보살의 모든 행의 경계를
알며, 가없는 세계의 갖가지 차별을
보며, 가없는 세계의 갖가지 장엄을
보며, 가없는 세계의 미세한 경계에
들어가며, 가없는 세계의 갖가지 명
호를 알았다.

가없는 세계의 갖가지 말을 알며,
가없는 중생의 갖가지 이해를 알며,

가없는 중생의 갖가지 행을 보며, 가없는 중생의 성숙한 행을 보며, 가없는 중생의 차별한 생각을 보았다.

선지식을 생각하면서 점차 가다가 이사나 마을에 이르렀다. 저 승열이 모든 고행을 닦으며 일체지를 구하는 것을 보니, 사면의 불무더기가 마치 큰 산과 같으며, 그 속에 칼산이 있어 높고 험준함이 끝이 없는데 그 산 위에 올라서 몸을 던져 불에 들어갔다.

그때에 선재 동자가 그의 발에 정

레하고 합장하고 서서 이와 같은 말을 하였다.

"성자시여, 저는 이미 먼저 아뇩다라삼먁삼보리심을 내었습니다. 그러나 보살이 어떻게 보살행을 배우며 어떻게 보살도를 닦는지를 알지 못합니다. 제가 들으니 성자께서 잘 능히 가르쳐 주신다고 합니다. 원하오니, 저를 위하여 말씀해 주십시오."

바라문이 말하였다.
"선남자여, 그대가 지금 만약 이

칼산에 능히 올라서 몸을 불무더기
에 던지면 모든 보살행이 모두 청정
하게 될 것입니다."

그때에 선재 동자가 이와 같이 생
각하였다.

'사람의 몸을 얻기 어렵고, 모든 어
려움을 여의기 어렵고, 어려움이 없
음을 얻기 어렵고, 청정한 법을 얻기
어렵고, 부처님을 만나기 어렵고, 모
든 근을 갖추기 어렵다. 부처님 법을
듣기 어렵고, 선한 사람을 만나기 어
렵고, 진실한 선지식을 만나기 어렵

고, 이치대로 바른 가르침을 받기 어렵고, 바른 생활을 하기 어렵고, 법을 따라 행하기 어렵다.

이것은 마와 마가 시키는 것이 아닌가? 마의 험악한 무리들이 거짓으로 보살 선지식의 모습을 나타내어 나에게 선근난을 짓고 수명난을 지어서 나의 일체지의 길을 닦아 행하는 것을 막으려 하며, 나를 끌어서 모든 나쁜 길에 들어가게 하며, 나의 법문을 막고 나의 불법을 막으려는 것이 아닌가?'

이 생각을 할 때에 십천의 법천이 허공에서 이와 같은 말을 하였다.

"선남자여, 그런 생각을 하지 마십시오. 그런 생각을 하지 마십시오. 지금 이 성자는 금강불꽃 삼매의 광명을 얻어서, 크게 정진하여 모든 중생들을 제도하되 마음이 물러나지 아니합니다.

일체 탐애의 바다를 말리려 하며, 일체 삿된 소견의 그물을 찢으려 하며, 일체 번뇌의 섶을 태우려 하며, 일체 의혹의 숲을 비추려 하며, 일체

늙어 죽는 공포를 끊으려 하며, 일체 삼세의 장애를 무너뜨리려 하며, 일체 법의 광명을 놓으려 합니다.

선남자여, 우리 모든 범천들이 많이 삿된 소견에 집착하여 모두 다 스스로 이르기를 '자재한 자이며 능히 짓는 자이므로 세간에서 내가 가장 수승하다'라고 하였습니다. 바라문이 다섯 군데 열로 몸을 태우는 것을 보고는 자신의 궁전에 마음이 즐겨 집착하지 아니하며 모든 선정에서도 재미를 얻지 못하여서 다 함께 바라문 처소로 나아갔습니다.

그때에 바라문은 신통한 힘으로 크게 고행함을 보이고 우리들을 위해 법을 설하여 능히 우리들로 하여금 일체 소견을 멸하고, 일체 교만을 없애며, 대자에 머무르고 대비를 행하며, 광대한 마음을 일으키고 보리의 뜻을 내어, 항상 모든 부처님을 친견하고 항상 미묘한 법을 들어서 일체 처에 마음이 걸리는 바가 없게 하였습니다."

또 십천의 모든 마가 있으니 허공

에서 하늘 마니보배로 바라문의 위
에 흘고 선재에게 말하였다.

"선남자여, 이 바라문이 다섯 군데
열로 몸을 태울 때에 그 불의 광명이
우리의 있는 바 궁전을 덮어 가리고
모든 장엄거리가 모두 먹 무더기와
같아서, 우리로 하여금 저 가운데 애
착을 내지 않게 하므로 우리가 권속
들과 함께 그 처소에 나아갔습니다.
이 바라문이 우리를 위해 법을 설하
여 나와 나머지 한량없는 천자들과
모든 천녀들이 다 아뇩다라삼먁삼보

리에서 물러나지 않게 하였습니다."

또 십천의 자재천왕이 있으니 허공에서 각각 하늘 꽃을 뿌리고 이와 같은 말을 하였다.

"선남자여, 이 바라문이 다섯 군데 열로 몸을 태울 때에 그 불의 광명이 우리들의 있는 바 궁전을 덮어 가리고 모든 장엄거리가 다 먹 무더기와 같아서, 나로 하여금 저 가운데 애착을 내지 않게 하므로 곧 권속들과 함께 그 처소로 나아갔습니다.

이 바라문이 우리를 위해 법을 설

하여 우리로 하여금 마음에 자재함을 얻으며, 번뇌에 자재함을 얻으며, 태어남에 자재함을 얻으며, 모든 업장에 자재함을 얻으며, 모든 삼매에 자재함을 얻으며, 장엄거리에 자재함을 얻으며, 수명에 자재함을 얻으며, 내지 능히 일체 부처님 법에 자재함을 얻게 하였습니다."

또 십천의 화락천왕이 있으니 허공에서 하늘음악을 연주하여 공경히 공양올리고 이와 같은 말을 하였다.

"선남자여, 이 바라문이 다섯 군

데 열로 몸을 태울 때에 그 불의 광
명이 우리 궁전의 모든 장엄거리와
모든 채녀들에게 비추어 능히 우리들
로 하여금 욕락을 받지 않으며 욕락
을 구하지 않게 하여, 몸과 마음이
부드러워져서 곧 대중과 함께 그 처
소로 나아갔습니다.

그때에 바라문이 우리들을 위하여
법을 설해서 능히 우리들로 하여금
마음이 청정함을 얻으며, 마음이 밝
고 깨끗함을 얻으며, 마음이 순하고
착하며, 마음이 부드러우며, 마음이

환희하게 하며, 내지 청정한 십력과 청정한 몸을 얻어서 한량없는 몸을 내게 하며, 내지 부처님의 몸과 부처님의 말과 부처님의 음성과 부처님의 마음을 얻어서 일체지의 지혜를 구족히 성취하게 하였습니다.”

또 십천의 도솔천왕과 천자와 천녀와 한량없는 권속들이 있으니 허공에서 온갖 미묘한 향을 비내려서 공경히 정례하고 이와 같은 말을 하였다.

“선남자여, 이 바라문이 다섯 군데

열로 몸을 태울 때에 우리들 모든 천신들과 그 권속들이 자기의 궁전에 즐겨 집착함이 없게 하였습니다. 함께 그 처소로 나아가서 그 설법을 들으니, 능히 우리들이 경계를 탐하지 아니하여 욕심이 적고 만족함을 알며, 마음이 환희하고 마음이 충만함을 얻으며, 모든 선근을 내어 보리심을 내며, 내지 일체 부처님 법을 원만하게 하였습니다.”

또 십천의 삼십삼천과 아울러 그 권속들이 있으니 천자와 천녀들이

앞뒤로 둘러싸고 허공에서 하늘 만
다라 꽃을 비내리어 공경히 공양올
리며 이와 같은 말을 하였다.

"선남자여, 이 바라문이 다섯 군데
열로 몸을 태울 때에 우리들 모든 천
신들이 하늘 음악에 애착을 내지 않
게 하므로 함께 그 처소로 나아갔습
니다.

그때에 바라문이 우리들을 위하여
일체 모든 법은 무상하고 파괴되는
것이라고 설해서 우리들이 일체 욕
락을 버려 여의게 하며, 우리들이 교

만과 방일을 끊어 없애게 하며, 우리
들이 위없는 보리를 좋아하고 즐거
워하게 하였습니다.

또 선남자여, 우리들이 마땅히 이
바라문을 보았을 때에 수미산 꼭대
기가 여섯 가지로 진동하는데, 우리
들이 두려워하여 다 보리심을 내어
서 견고하여 흔들리지 않았습니다.”

또 십천의 용왕이 있으니, 이른바
이나발라 용왕과 난타와 우파난타
용왕들이었다. 허공에서 흑전단을
비내리며, 한량없는 용녀들은 하늘

음악을 연주하며, 하늘 미묘한 꽃과
하늘 향수를 비내려서 공경히 공양
올리고 이와 같은 말을 하였다.

"선남자여, 이 바라문이 다섯 군데
열로 몸을 태울 때에 그 불의 광명이
일체 모든 용의 궁전을 널리 비추어
모든 용 대중들이 뜨거운 모래의 공
포와 금시조의 공포를 여의며, 성냄
을 멸하여 없애고 몸이 청량함을 얻
으며, 마음에 더러움이 없으며, 법을
듣고 믿고 이해하여, 용의 갈래를 싫
어하여 지극히 정성스러운 마음으로

업장을 참회하여 없애며, 내지 아뇩다라삼먁삼보리의 뜻을 내어 일체지에 머무르게 하였습니다.”

또 십천의 야차왕이 있으니 허공에서 갖가지 공양거리로 이 바라문과 선재에게 공경히 공양올리고 이와 같은 말을 하였다.

“선남자여, 이 바라문이 다섯 군데 열로 몸을 태울 때에 나와 권속들이 모두 중생들에게 자애와 연민의 마음을 내었으니, 일체 나찰과 구반다 등도 또한 자애의 마음을 내었습니다.

자애의 마음 때문에 모든 중생들을 괴롭히고 해치는 일 없이 와서 나를 보았습니다. 나와 그들은 자기의 궁전에 애착을 내지 아니하고, 곧 함께 그 처소로 나아갔습니다.

그때에 바라문이 곧 우리들을 위하여 마땅함과 같이 법을 설해서 일체가 다 몸과 마음이 안락하였으며, 또 한량없는 야차와 나찰과 구반다 등이 위없는 보리심을 내게 하였습니다.”

또 십천의 건달바왕이 있으니 허공에서 이와 같은 말을 하였다.

"선남자여, 이 바라문이 다섯 군데 열로 몸을 태울 때에 그 불의 광명이 나의 궁전에 비치어 모두 우리들이 부사의하고 한량없는 쾌락을 받게 하였습니다. 그러므로 우리들이 그 처소로 나아갔더니, 이 바라문이 우리들을 위하여 법을 설해서 능히 우리들이 아뇩다라삼먁삼보리에서 물러나지 않게 하였습니다."

또 십천의 아수라왕이 있으니 큰

바다에서 나와 허공에 머물러 있으
면서 오른 무릎을 펴고 합장하여 앞
에서 절하고 이와 같은 말을 하였다.

"선남자여, 이 바라문이 다섯 군
데 열로 몸을 태울 때에 우리 아수라
가 지닌 궁전과 큰 바다와 대지가 모
두 다 진동하여 우리들이 교만과 방
일을 버리게 하였습니다. 그러므로
우리들이 그 처소로 나아가서 그에
게서 법을 듣고 아첨과 허황함을 버
려 여의고 참는 지위에 편안히 머물
러 견고하여 흔들리지 않아서 십력

을 원만하게 하였습니다.”

또 십천의 가루라왕이 있으니 용맹한 힘을 가진 왕으로 상수를 삼았다. 외도의 동자 형상을 변화하여 지어서 허공에서 이와 같은 말을 외쳤다.

“선남자여, 이 바라문이 다섯 군데 열로 몸을 태울 때에 그 불의 광명이 우리 궁전에 비치니 일체가 진동하여 모두 다 무서워하고 두려워하였습니다. 그러므로 우리들이 그 처소로 나아갔습니다.

그때에 바라문이 곧 우리들을 위하여 마땅함과 같이 법을 설해서 크게 대자를 닦아 익히고 대비를 칭찬하고 생사의 바다를 건너서 탐욕의 수렁에서 중생들을 빼내며, 보리심을 찬탄하고 방편의 지혜를 일으켜서 그 마땅한 바를 따라 중생들을 조복하게 하였습니다."

또 십천의 긴나라왕이 있으니 허공에서 이와 같은 말을 외쳤다.

"선남자여, 이 바라문이 다섯 군데 열로 몸을 태울 때에 우리들이 머무르는 궁전에 모든 다라 나무와 모든 보배 방울 그물과 모든 보배 비단 띠와 모든 음악 나무와 모든 미묘한 보배 나무와 모든 악기들이, 저절로 부처님의 소리와 법의 소리와 그리고 물러나지 않는 보살 승의 소리와 위없는 보리를 구하기를 원하는 소리를 내어 말하였습니다.

'모 방소의 모 나라에 모 보살이 있어 보리심을 내었습니다. 모 방소 모 나라에 모 보살이 있어 고행을 닦아 행하여 버리기 어려운 것을 능히

버렸으며, 내지 일체지의 행을 청정
하게 하였습니다.

모 방소의 모 나라에 모 보살이 있
어 도량에 나아갔으며, 내지 모 방
소의 모 나라에 모 여래께서 불사를
마치시고는 열반에 드셨습니다'라고
하였습니다.

선남자여, 가령 어떤 사람이 염부
제의 일체 초목을 갈아서 미진을 만
들면 그 미진의 수효는 끝을 알 수
있지만, 나의 궁전 가운데 보배 다라
나무와 내지 악기에서 말하는 보살

의 이름과 여래의 명호와 일으킨 대
원과 닦는 행 등은 능히 그 끝을 알
수 없습니다.

선남자여, 우리들이 부처님의 소리
와 법의 소리와 보살 승의 소리를 듣
고 크게 환희하여 그 처소로 나아갔
습니다.

그때에 바라문이 곧 우리들을 위하
여 마땅함과 같이 법을 설해서 우리
와 나머지 한량없는 중생들이 아뇩
다라삼먁삼보리에서 물러나지 않게
하였습니다.”

또 한량없는 욕계의 모든 천신들이 있었으니, 허공에서 미묘한 공양거리로 공경히 공양올리고 이와 같은 말을 외쳤다.

"선남자여, 이 바라문이 다섯 군데 열로 몸을 태울 때에 그 불의 광명이 아비지옥 등 일체 지옥을 비추어 모든 받는 바 고통이 모두 쉬게 하였으며, 우리들이 이 불의 광명을 본 까닭으로 마음으로 깨끗한 믿음을 내었고, 신심을 낸 까닭으로 거기서 목숨을 마치고 하늘에 태어났으며, 은

혜를 알게 된 까닭으로 그 처소로 와서 공경히 우러러보아 만족해 싫어함이 없었습니다.

그때에 바라문이 우리를 위해 법을 설하여 한량없는 중생들이 보리심을 내게 하였습니다.”

그때에 선재 동자가 이와 같은 법을 듣고 마음이 크게 환희하여 바라문 처소에서 진실한 선지식이라는 마음을 일으켜 엎드려 예경하고 이와 같은 말을 외쳤다.

"제가 큰 성자이신 선지식의 처소
에서 착하지 못한 마음을 내었습니
다. 오직 원하건대 성자께서는 저의
허물 뉘우침을 받아 주십시오."

그때에 바라문이 곧 선재를 위하여
게송을 설하여 말하였다.

만약 모든 보살들이
선지식의 가르침을 따라서
일체 의심과 두려움이 없어지고
안주하여 마음이 흔들리지 않으면

마땅히 알라, 이와 같은 사람은
반드시 광대한 이익을 얻어
보리수 아래 앉아서
위없는 깨달음을 이루리라.

그때에 선재 동자가 곧 칼산에 올라서 스스로를 불무더기에 던졌다. 아직 중간에 이르지도 않아서 곧 보살의 잘 머무르는 삼매를 얻었고, 겨우 불꽃에 닿자 또 보살의 고요하고 즐거운 신통 삼매를 얻었다.
선재가 말하였다.

“매우 기이합니다. 성자시여, 이와 같은 칼산과 큰 불무더기에 나의 몸이 닿을 때에 편안하고 쾌락하였습니다.”

그때에 바라문이 선재에게 말하였다.

“선남자여, 나는 오직 이 보살의 다함없는 바퀴 해탈만 얻었습니다. 저 모든 보살마하살들은 큰 공덕 불꽃으로 일체 중생의 견혹을 능히 태워 남음이 없어서 반드시 물러나지 않게 합니다.

끝까지 다함이 없는 마음과 게으름이 없는 마음과 겁약함이 없는 마음으로, 금강장 나라연 같은 마음과 빨리 모든 행을 닦아서 지체함이 없는 마음을 내어 서원이 바람 둘레와 같아 일체 정진하는 큰 서원을 널리 지녀서 다 물러남이 없습니다. 그러나 내가 어떻게 그 공덕의 행을 능히 알며 능히 말하겠습니까?

선남자여, 여기서 남방에 성이 있

으니 이름이 ‘사자분신’이고, 안에 동녀가 있으니 이름이 자행입니다. 그대는 그에게 가서 ‘보살이 어떻게 보살행을 배우며 보살도를 닦습니까?’라고 물으십시오.”

그때에 선재 동자가 그의 발에 정례하고 수없이 돌고 하직하고 물러갔다.

아차보현수승행
무변승복개회향
보원침익제중생
속왕무량광불찰

시방삼세일체불
제존보살마하살
마하반야바라밀

我此普賢殊勝行
無邊勝福皆迴向
普願沈溺諸眾生
速往無量光佛剎

十方三世一切佛
諸尊菩薩摩訶薩
摩訶般若波羅蜜

大方廣佛華嚴經 — 부록

대방광불화엄경 목차

간행사

대방광불화엄경
목차

간 행 사

　귀의삼보 하옵고,

『대방광불화엄경』의 수지 독송과 유통을 발원하면서 수미정사 불전연구원에서 『독송본 한문·한글역 대방광불화엄경』과 『사경본 한글역 대방광불화엄경』을 편찬하여 간행하게 되었습니다.

　『화엄경』은 우리나라에 전래된 이래 일찍부터 사경되고 주석·강설되어 왔으며 근현대에 이르러서는 『화엄경』의 한글 번역과 연구도 부쩍 많이 이루어졌습니다. 그만큼 『화엄경』이 우리 불자님들의 신행과 해탈에 큰 의지처가 되었던 것임을 알 수 있습니다.

　『화엄경』을 독송하고 사경하는 공덕은 설법 공덕과 함께 크게 강조되어 왔습니다. 그리하여 수미정사 불전연구원에서도 『화엄경』(80권)을 독송하고 사경하는 데 도움이 되도록 한문 원문과 한글역을 함께 수록한 독송본과 한글역의 사경본 『화엄경』 간행불사를 발원하였습니다. 이 『화엄경』 간행불사에 뜻을 같이하여 적극 후원해주신 스님들과 재가 불자님들께 깊이 감사드립니다. 또한 『화엄경』을 수지 독송할 수 있도록 경책의 모습으로 장엄해 주신 편집위원들과 담앤북스 출판사 관계자들께도 고마움을 표합니다.

　끝으로 이 불사의 원만 회향으로 『화엄경』이 널리 유통되고, 온 법계에 부처님의 가피가 충만하시길 기원드립니다.

　나무 대방광불화엄경

불기 2564년 '부처님오신날'을 봉축하며

수미해주 합장

위태천신(동진보살)

수미해주 須彌海住

호거산 운문사에서 성관 스님을 은사로 출가, 석암 대화상을 계사로 사미니계 수계, 월하 전계사를 계사로 비구니계 수계, 계룡산 동학사 전문강원 졸업, 동국대학교 불교대학 및 동 대학원 졸업, 철학박사, 가산지관 대종사에게서 전강, 동국대학교 불교대학 교수, 동학승가대학 학장 및 화엄학림 학림장, 중앙승가대학교 법인이사 역임.
(현) 수미정사 주지, 동국대학교 명예교수.
저·역서로『의상화엄사상사연구』,『화엄의 세계』,『정선 원효』,『정선 화엄1』,『정선 지눌』,『법계도기총수록』,『해주스님의 법성게 강설』등 다수.

사경본 한글역

대방광불화엄경 제64권

| 초판 1쇄 발행_ 2026년 2월 10일

| 엮 은 이_ 수미해주
| 엮 은 곳_ 수미정사 불전연구원
| 편집위원_ 해주 수정 경진 선초 정천 석도 박보람 최원섭
| 편 집 보_ 무이 무진 지욱 혜명

| 펴 낸 이_ 오세룡
| 펴 낸 곳_ 담앤북스
　　　　　　서울특별시 종로구 새문안로3길 23 경희궁의 아침 4단지 805호
　　　　　　대표전화 02)765-1251 전자우편 dhamenbooks@naver.com
　　　　　　출판등록 제300-2011-115호
| ISBN_ 979-11-6201-571-1 04220

정가 10,000원
ⓒ 수미해주 2026